# ICOs, Kryptowährungen und Blockchain

## Geldwäsche war noch nie so einfach

## Die größte Blase Allerzeiten ?

# I Vorwort

Initial Coin Offerings, sogenannte ICOs, darunter versteht man die Erstausgabe von digitalen Währungen, nehmen immer mehr zu und sind offensichtlich für Kleinanleger weltweit immer attraktiver, auch wenn nicht jede Coin das ist was sie verspricht. 2014 brachte Jemand eine Coin in Umlauf und nannte sie den PonziCoin, ein Name adaptiert an den sogenannten PonziScheme, ein Betrugssystem also basierend auf eine Pyramide. So wurde die Coin auch rausgebracht, frei nach dem Pyramidenbetrug. Die ersten sollten Geld verdienen und neue Kunden mit reinbringen. Obwohl der Coin genaus o angeboten wurde und der Erfinder auf seiner Webseite davor warnte, dass man alles verleiren könne und das es das erste legitime Ponzi Scheme sei, gab es jede

Menge verrückte Menschen, die diese Coin kauften und dem Erfinder das Geld sozusagen hinterher werfen. Er warb mit tollen Anzeigen – man habe bald einen Porsche, diejenigen die gekauft hätten, würden Lamboghinis besitzen, kurzum, die gewohnte fake Werbung. Es war als Spaß gedacht, verselbständigte sich dann, der Erfinder bekam kale Füße. Es war das weltweit erste gesetzmäßige Betrugssystem, so stand es auf der Seite und die Kleinanleger überwiesen fleissig Geld und wollten einsteigen. Mehrere hunterttausend Dollar. Der Gründer nahm das Geld und machte den Laden dicht. Inzwischen sind hunderte ICOs mit Milliardenbeträgen auf und davon. Im Dezember 2017 wurden die Einnahmen von PlexCoin von der amerikanische Börsenaufsicht SEC beschlagnahmt. 15 Millionen Dollar. Es gab keine Blockchain hinter dieser ICO.

Der Eigentümer hatte seine Coins in andere Kryptowährungen investiert. Blockchain ist für viele Kleinanleger eine Art Zauberwort. Keiner möchte den Zug verpassen. In diesem Buch werde ich detailliert darauf eingehen, was es mit den ICOs auf sich hat, worauf man achten muss, wie viele und welche tatsächlich erfolgversprechend sind. Es gibt hunderte neue ICOs, täglich kommen mehr hinzu, viele verschwinden mit dem Geld, bekommen einen neuen Namen und machen weiter – Millionen nach Millionen. Waren es lange Zeit die Endungen Tech oder Corp die erfolgversprechend waren so sind es heute Firmen die eine Nähe zur Blockchain oder Kryptowährungen vorgeben oder sich als FinTech Unternehmen verkaufen. Ein Eisteehersteller, eine Firma für Tierbedarf, sie waren fast pleite, änderten ihre Namen in Namen in denen Blockchain vorkam und die Aktienkurse schoßen in die Höhe. Vorsicht also, es ist nicht überall Blockchain drin, wo Blockchain draufsteht. Eine neue Entwicklung bringt viele Piraten mit, die an dem Erfolg teilhaben möchten. Dennoch glaube ich an die Zukunft der Blockchain und Investititonsmöglichkeiten und Chancen. Man muss nur seine Hausaufgaben machen und nach den Juwelen suchen.

## II Hausaufgaben für Kleinanleger.

Seit Jahren recherchiere und schreibe ich zum Thema Online Broker und Kryptowährungen im Internet. Meine Bücher „Terroristen der Finanzmärkte" und „Kryptowährungen/Cryptocurrencies Risiken und Chancen des Investments" sind erhältlich und haben inzwischen viele Fans. In diesen Büchern beschreibe ich sehr genau wie Online Broker, die im Internet aktiv sind, ahnungslose Kleinanleger um ihr Geld bringen. Die meisten Broker, die in Europa ihre Finanzdienstleistungen anbieten, sind nämlich in Zypern oder Malta registriert und können von dort aus aufgrund der MIFID II Richtlinie in ganz Europa ihre Dienste anbieten. Viele dieser Broker gelten als unseriös. Sie manipulieren Kurse, zahlen Gewinne nicht aus, kommunizieren bei Problemen nicht mit ihren Kunden und oft schließen sie Konten ohne Rücksprache und weitere Kommunikation. Viele sind sogenannte Market Maker, das bedeutet im wörtlichen Sinne, dass sie den Markt machen. In vielen Fällen handelt der Kunde gegen den Online Broker. Das kann man als Betrug bezeichnen. Oft wissen die Kunden das nicht einmal. Diese unseriösen Broker nutzen die Ahnungslosigkeit ihrer Kunden aus und mit aggressiver Werbung versprechen sie hohe Gewinne. Viele bieten den sogenannten CFD Handel an, der ohnehin als sehr risikoreich gilt und von Anlegern ein großes Wissen, Vermögen und Risikobereitschaft voraussetzt. Mit falschen Versprechungen werden zahlreiche Kleinanleger auf die falsche Spur gesetzt und verlieren letztendlich fast immer ihren Einsatz. Oft sind das große Beträge, da sie von den cleveren Verkaufsmanagern überredet werden bei einem Verlust immer wieder neue Beträge einzuzahlen bis sie praktisch ihr gesamtes Vermögen eingesetzt haben. Manche haben sogar Hypotheken aufgenommen um zu traden. Klingt verrückt ? Ist es auch, aber es kann jedem passieren, dass er darauf reinfällt und glaubt damit Geld verdienen zu können, davon bin ich heute nach umfangreicher Recherche und vielen Gesprächen mit Geschädigten überzeugt. Rechtsanwälte, Ärzte, Geschäftsleute, pensionierte Buchhalter, Lehrer, ja sogar Finanzexxperten, praktisch alle Berufssparten sind mit dabei. Betrug funktioniert nur, wenn der Betrug nicht erkennbar ist und die Mitarbeiter der Broker sind hervorragend psychologisch geschult. Wenn einer der Verkäufer am Telefon, die oft mit fingierten

Namen arbeiten, nicht mehr weiter weiß, wird man weitergeleitet an die nächsthöhere Stufe der Mitarbeiter, die Ihnen das Blaue vom Himmel erzählen. Allerdings sehr subtil. Die meisten werben auch junge Trader an, die dann als sogenannte Affiliates Freunde, Verwandte und Bekannte zum traden überreden. Wer dann Verluste macht, der hat meist auch sein gesamtes soziales Umfeld verloren und steht dann praktisch mittellos ganz alleine da. Es gab aus diesem Grund sogar schon Selbstmorde. Negative Kommentare findet man im Internet kaum, da die meisten der online Brokermagazine dafür bezahlt werden, bestimmte Artikel zu drucken und positive Kommentare zu veröffentlichen. Viele dieser Magazine sind reine Werbemagazine, aber das ist oft nur schwer erkennbar. Außerdem zahlen diese Broker viel

Geld, damit negative Kommentare aus dem Internet verschwinden. So muss man lange suchen, um überhaupt negative Berichte zu entdecken. Ich habe mich vor kurzem mit einer älteren Dame unterhalten, der ich nur sehr schwierig klar machen konnte, dass sie besser die Finger von diesen Brokern lässt. Sie war der Überzeugung, dass der Euro bald nichts mehr Wert sei und sie deshalb ihr Geld in den CFD Handel bei einem Broker stecken wolle. Das sei ein hervorragender Broker, denn er klinge am Telefon sehr seriös und „sogar" im Internet wären nur positive Bewertungen zu lesen. Solche Menschen sind den Brokern am liebsten. Sie kennen sich nicht aus in der digitalen Welt und glauben zu vieles. Dennoch, die Aufklärung über diese Broker und ihre Geschäfte nimmt immer mehr zu, Finanzaufsichtsbehörden warnen ebenfalls eindringlich auf ihren Seiten und zum Glück fallen in Europa immer weniger Kleinanleger darauf rein. Deshalb konzentrieren sich die Online Broker zunehmend auf neue Geschäftsmodelle. Ist ja klar, die Milliarden müssen trotzdem in ihre Kassen fließen. Kryptowährungen sind deshalb ideal. 2017 war das Jahr des großen Booms der Kryptowährungen, allen voran des Bitcoins aber auch der anderen Altcoins wie Ethereum und Litecoin. Dummerweise haben die meisten Menschen den Zug verpasst. Das ärgert und macht gleichzeitig gierig, denn im Internet kursieren Geschichten von jungen Menschen, die vor Jahren einige wenige Bit- oder Altcoin gekauft haben und jetzt als Multimillionär in ihrer Villa an der Cote d´Azur Champagner schlürfen. Glauben Sie mir, die meisten dieser Geschichten stimmen nicht. Auch nicht die Geschichten, bei denen Ihnen im Internet tolle Geschäftsideen mit Kryptowährungen und Bitcoin angeboten werden. Sie zahlen wenige Euro ein und ihr „Geschäftspartner" überweist Ihnen täglich ein wenig Bitcoin. Auch das sogenannte mining von neuen Coins, welches im Internet und auf sozialen Medien beworben wird, ist zum größten Teil ein großer weltweiter Betrug. Es sind nur wenige die mit mining wirklich Geld verdienen und es ist keine leichte Sache und nur für Experten sinnvoll. Das neue Goldschürfen begeistert viele. Man soll Geld damit verdienen können, indem man seine eigene Rechnerleistung zur Verfügung stellt. Voraussetzung dafür ist aber eine hohe Rechenleistung, also einen hervorragenden, sprich teuren Computer. Mining ist ebenso wie

ICOs eine fantastische neue Gelegenheit um ahnungslose Bürger übers Ohr zu hauen.

## III Das schnelle Geld dank Bitcoin, Altcoin und Co

Mit Kryptowährungen an der Börse Geld verdienen: wie Kleinanleger oft abgezockt werden, das war der Titel eines Beitrags, den ich vor kurzem geschrieben habe. Seit etwa zehn Jahren sind Online Broker aktiv im Internet und bei Youtube, versprechen das schnelle Geld, seit kurzem auch mit Kryptowährungen: Mit Zuversicht traden" „Bitcoin traden ohne Wallet" „Einfaches Trading für Anfänger und Profis" „ Niedrig-Zinsen entkommen" „Die Börse muss nicht kompliziert sein" „Einen Bonus von bis zu 25%". In Zeiten, in denen es bei den Banken praktisch keine Zinsen gibt und das Internet voller Millionäre ist, die angeblich mit Bitcoin reich geworden sind, locken Online Broker

Kunden mit großartigen Versprechen. Kryptowährungen sind ihr neues Geschäftsmodell. Wer den Hype mit extremen Kurssteigerungen des Bitcoin verpasst hat und nicht Millionär geworden ist, hat jetzt dank sogenanntem Krypto/ CFD Handel dennoch die Chance sehr schnell reich zu werden, so die Online Broker. Das Prinzip klingt einfach. Man setzt sein Geld auf einen auf- oder absteigenden Kurs des Bitcoins, Ethereum, Litecoin oder anderer Altcoins. Geht der Kurs in die richtige Richtung, dann gewinnt man Geld hinzu, geht er in die falsche Richtung, verliert man den Einsatz. Klingt nach einer Wette und in Prinzip ist es das auch. Die Online Broker versprechen hohe Renditen, die Online Plattformen sind sehr benutzerfreundlich und über die Risiken wird kaum aufgeklärt. Dank aggressiver Werbung der

Online Broker steigen immer mehr Kleinanleger ein und verlieren oft. Um diese Kleinanleger zu schützen hat die Europäische Finanzaufsichtsbehörde ESMA vor einer Woche, vorläufig in ganz Europa sogenannte Binäre Optionen verboten und gleichzeitig den Handel für Differenzgeschäfte CFDs genannt, stark eingeschränkt. Außerdem schränkt die Finanzaufsichtsbehörde die Werbung im Internet ein. Twitter und Facebook haben bereits freiwillig Werbung für Digitalwährungen wie Bitcoin und sogenannte Initial Coin Offerings auf ihren Plattformen verboten. Nach Informationen der Europäischen Finanzaufsichtsbehörde würden nämlich bis zu 90 Prozent aller Kleinanleger mit diesen Produkten ihre Investition verlieren. Der durchschnittliche Verlust pro Kunde liege zwischen 1.600 und

29.000 Euro. Das ist offensichtlich für die Broker ein gutes Geschäft, denn in ganz Europa sind inzwischen hunderte Broker aktiv. Nach Angaben eigener Geschäftsberichte machen manche Broker Umsätze von etwa einer halben Million Euro am Tag. Die meisten der Online Brokerwebseiten die in Europa tätig sind, sind in Zypern registriert und können von dort aus aufgrund der MiFID Richtlinie in ganz Europa ihre Finanzdienstleistung anbieten. Die Einschränkungen der Finanzaufsichtsbehörde ESMA kommen nicht von ungefähr, denn gerade in letzter Zeit häufen sich Beschwerden von Kleinanlegern, die Verluste gemacht haben vor allem mit CFD Handel in Kryptowährungen. Das Problem sind auch zahlreiche online Finanzzeitschriften, die versteckte Werbung der Broker als Artikel anbieten. Für die meisten

Kunden ist nicht ersichtlich, dass es sich um Werbung handelt und sie glauben den vermeintlichen Informationen. Andreas L. aus München ist einer der Geschädigten. Innerhalb von zwei Minuten konnte der unerfahrene Kleinanleger ein Konto eröffnen und 15000 Euro über zwei Kreditkarten einzahlen. Nach Angaben seines persönlichen Finanzanalysten des Brokers sei dies eine schöne Summe um zu beginnen. Ganz ohne nachzufragen bekommt er einen satten Bonus von 3750 Euro. Am Anfang läuft der Handel sehr gut. Nach zwei Wochen hat er bereits 30.000 Euro zusätzlich verdient. Sein persönlicher Finanzanalyst, der ihn regelmäßig aus dem Brokerbüro in Frankfurt anruft, macht ihm Mut. „Wenn Sie noch mehr auf dem Konto hätten, dann könnten sie noch größere Gewinne machen". Andreas zahlt weitere 20.000 Euro ein.

Nach einer Woche hat er 120.000 Euro auf dem Konto. Er kann sein Glück kaum fassen und möchte 40.000 Euro abholen. Leider geht das nicht, so teilt ihm sein Finanzanalyst mit, denn er habe einen Bonus bekommen und das bedeute, dass er eine gewisse Anzahl von sogenannten Trades machen müsse und die hätte er längst nicht erfüllt. Andreas handelt also zähneknirschend weiter, doch nach einer Woche sind von 120.000 Euro nur noch 10.000 übrig. Er versteht die Welt nicht mehr. Anfangs hatte er nur Glück, immer in die richtige Richtung „gewettet". Er setzte auf den steigenden Bitcoin und das war richtig, es setzte auf fallende Litecoin und das war richtig. Jetzt plötzlich gehen die Kurse immer in die falsche Richtung. Sein Finanzanalyst wollte, dass er noch mehr Geld einzahlt, nur so könne er die Verluste wettmachen. Andreas aber hatte seine gesamten Ersparnisse investiert, einen Kredit aufnehmen, wie empfohlen, wollte er nicht. Von einem auf den anderen Tag wurde dann vom Broker ohne Angabe von Gründen sein Konto gesperrt. Ein Kontakt war nicht mehr möglich. Weder Anrufe noch Emails wurden beantwortet, sein persönlicher Finanzanalyst war bei dem Broker nicht mehr erreichbar, er hätte eine neue Stelle gefunden. Bis heute hat Andreas L. seine restlichen 10.000 Euro nicht zurückbekommen. Sein investierter Schaden: 35.000 Euro. Er erstattet Anzeige bei der Polizei in München und erfährt dort, dass der Broker bei dem er investiert hat, kein Büro in Frankfurt hat, sondern in Zypern registriert ist. Dabei war die Webseite in Deutsch. Die Telefonnummern waren deutsche Nummern, sein Finanzanalyst perfekt deutschsprachig. Die deutschen Behörden können nichts unternehmen. Die Staatsanwaltschaft stellt das Verfahren ein, denn ein Rechtshilfeersuchen nach Zypern sei erfahrungsgemäß wenig erfolgversprechend. Diese Broker seien zwar in Zypern registriert, aber tatsächlich seien die Firmen meist im nicht Europäischen Ausland ansässig. Sie würden mit Alias Personagen arbeiten, so die Staatsanwältin. Eine weitere Geschäftsidee sind sogenannte ICOs Initial Public Coin Offerings. Broker bieten eigene sogenannte Coins oder Token an und nehmen damit Kapital auf, außerhalb des streng regulierten Finanzmarktes, denn Kryptowährungen sind in Europa so gut wie nicht reguliert. Anders als bei einem Börsengang wird der Inhaber der Token nicht Teileigentümer der Firma. Er gibt lediglich sein Geld und bekommt dafür das vage

Versprechen, dass seine Coins in Zukunft sehr viel Wert werden könnten. Eine wissenschaftliche Studie des New Yorker Research Unternehmens Satis Group vom Februar 2018 hat ergeben, dass einundachtzig Prozent der ICOs mit einer Marktkapitalisierung von mindestens 50 Millionen Dollar Betrug seien. Die Studie bestätigt Untersuchungen von Journalisten. Einige Geschädigte haben inzwischen vor dem Europäischen Parlament geklagt. Sie fordern die Europäische Finanzaufsichtsbehörde auf, die Finanzaufsichtsbehörde in Zypern strenger zu kontrollieren, unseriöse Broker zu bestrafen und Geschädigte zu helfen. Dies könnte ein möglicher nächster Schritt sein, denn die ESMA hat bereits angekündigt, weitere Maßnahmen gegen Online Broker einzuleiten.

# IV ICO Initial Coin Offering

Klingt fast so wie Initial Public Offering, damit ist gemeint, ein Börsengang eines Unternehmens also, bei dem Aktien verkauft werden. ICOs sind allerdings vollkommen anders. Bei Aktien wird der Aktionär Inhaber eines kleinen oder größeren Teils einer Firma. Hat er Philips Aktien, so gehören ihm einige Steine im Gebäude und er ist Teilhaber am Gewinn. Steigt der Gewinn, so steigt in der Regel die Aktie und der Wert des Unternehmens ist gekoppelt am Wert der Aktien, der Marktwert also. Viele Menschen finden dies spannend und kaufen und/oder handeln Aktien an den Weltmärkten. Hat ein Aktionär mehrere Aktien, so kann er sogar mitentscheiden zu bestimmten Handlungen innerhalb der Aktiengesellschaft. IPOs sind sehr streng reguliert. Ein Börsengang ist nicht einfach, viele Regeln müssen beachtet werden, die BaFIN überwacht den Börsengang sehr genau. Bei ICOs handelt es sich um eine Art Crowdfunding. Dem Inhaber des sogenannten Coins oder Tokens gehört nicht direkt einen Teil der Firma, vielmehr hofft er darauf, dass die Firma von der er diese Token erworben hat, in Zukunft Gewinn machen könnte und seine Coins im Wert steigen. Anders als bei Aktien sind die Coin nicht unbedingt gekoppelt am Gewinn der Firma. Der Herausgeber der ICOs verspricht den Käufern, dass sie mit diesen Coins bestimmte Dinge innerhalb des Unternehmens bezahlen können und/ oder die Coins in Zukunft an Plattformen für Kryptowährungen gehandelt werden können. Ob dem so ist, ist nicht sicher. Mit manchen Coins kann man in Zukunft auch Speicherkapazität nutzen, oder Produkte innerhalb des Ecosystems bezahlen, man kann damit auch traden oder andere Produkte des Unternehmens nutzen. ICOs und IPOs ist gemeinsam, dass sie Versprechen für die Zukunft beinhalten. ICOs haben sich innerhalb des Blockchain Ecosystems zu einem gängigen Mittel zum Startup Funding etabliert. Auf den ersten Blick sieht es so aus als seien ICOs eine phantastische Idee für junge Investoren um Geld zu bekommen und für risikofreudige Anleger, um mitzumischen im neuen Kryptoumfeld und womöglich Gewinn zu machen. Kryptowährungsfirmen können ohne den streng regulierten Prozess der Kapitalaufnahme der von Banken, Börsen und Risikokapitalgebern vorgeschrieben wird Kapital aufnehmen. In einem Initial Coin Offering werden neu emittierte Kryptowährungen an Anleger verkauft im Austausch gegen staatlich emittierte Währungen wie Euro oder Dollar oder gegen andere Kryptowährungen wie bspw. Bitcoin oder Litecoin.  Doch warum sind einige Länder so skeptisch. China hat sämtliche ICOs in seinem Land verboten, weil zu große Verluste gemacht wurden. USA hat die ICOs sehr streng reguliert. Anders in Europa. Hier sind die ICOs und auch die Kryptowährungen bis jetzt in Prinzip gar nicht reguliert. Das muss sich meiner Meinung nach schnellstens ändern. Seit 2014 wurden weltweit Milliarden Dollar und Euro mit ICOs reingeholt, Beträge die gar nicht zu vergleichen sind mit den Crowdfunding Plattformen wie Kickstarter. Wenn ein Kleinanleger ICOs kauft, dann zahlt er das Geld direkt an die Firma, meistens online per Kreditkarte oder PayPal, meistens ohne irgendeine Kontrolle. Er hat keinerlei Möglichkeit zu überwachen wohin sein Geld geht, er kann es nicht zurück bekommen und er weiß auch überhaupt nicht, ob sein Geld tatsächlich verwendet wird für die Zwecke, die das Unternehmen angibt. Manchmal werden die Token erst viele Monate nach der ICO verteilt. Im Internet wimmelt es nur so von Kommentaren von verzweifelten Inhabern von Token, die welche gekauft haben und sie einfach nicht bekommen. Hilferufe von ahnungslosen Kleinanlegern, die womöglich Betrugsopfer geworden sind. Der erste Verkauf sogenannter Tokens war der Mastercoin im Juli 2013. Ethereum sammelte Geld über den Verkauf von Tokens im Jahre 2014. Der erste ICO war von Karmacoin in April 2014 für das Karmashares-Projekt. In den USA sind Token Sales inzwischen sehr beliebt. Die erste in Deutschland bekannte

ICO war die der Wys Token der Berliner Wysker UG. Der ICO des neuen Webbrowsers Brave erbrachte 35 Millionen Dollar in weniger als 30 Sekunden. Wenn ich solche Zahlen höre bin ich sehr skeptisch. Stimmen sie überhaupt ? Es ist schwer nachzuprüfen. In meinem ersten Buch über Kryptowährungen und ICOs habe ich shcon über einige ICOs berichtet, bei denen Anleger sehr viel Geld verloren haben und über die Kryptowährungshauptstadt der Welt Zug in der Schweiz. Ich habe da auch berichtet über Tezos – es galt als der größte und tollste ICO der Welt. Ich halte diese eher für eine Bonnie and Clyde Story, die mit Sicherheit irgendwann verfilmt wird, vor allem auch weil die Initiatoren bildhübsche junge Menschen sind, die sich wahrscheinlich heute kaputtlachen. Details dazu in meinem ersten Buch „Kryptowährungen/ Cryptocurrencies

Risiken und Chancen des Investments". Ende April 2018 gibt es auf der Seite ICO Alert 818 neue ICO Projekte. Geht man davon aus, dass die meisten mindestens zehn Millionen, wenn nicht mehr reinholen möchten, dann wird einem klar, dass es sich dabei um ein Milliardengeschäft handelt und wie gesagt laut der Satis Studie, mit der ich voll und ganz einverstanden bin, weil meine eigene Recherchen dies bestätigen, sind 81 Prozent von vornherein als Betrug ausgelegt ( ich glaube sogar noch mehr ). Das bedeutet also, dass Milliarden Investitionen in die Taschen von Betrügern wandern. Da fragt man sich, wie überhaupt irgendjemand auf die Idee kommen kann sein hart erarbeitetes Geld in eine solche Sache zu stecken. Und nicht nur eine Person, sondern offensichtlich Millionen weltweit. Nun, da komme ich später noch drauf. Im July 2017 deutete die US-amerikanische Börsenaufsicht Securities and Exchange Commission SEC an, dass sie das amerikanische Wertpapiergesetz auf die ICOs anwenden würde. Allerdings entscheidet sie von Fall zu Fall ob die auf Blockchains basierten Token und Kryptowährungen Wertpapiere im zu regulierenden Sinne darstellen. In den USA ist die Ausgabe von Token seitdem sehr streng geregelt. Wer sich auf ICO Alert die Zahl der ICOs anschaut, wird feststellen, dass sehr viele für US Bürger verboten sind, aus gutem Grund. In den USA konnte die SEC mit ihrer regulierung mehr Vertrauen in der breiten Öffentlichkeit in ICOs schaffen und damit auch eine höhere und auch sicherere Investitionsbereitschaft in diese Finanzinstrumente. Die BaFin veröffentlichte lediglich einige Leitlinien zu den ICOs, sowie eine Verbraucherwarnung zu den ICOs. Im November

2017 veröffentlichte die BaFin eine Verbraucherwarnung zu den ICOs. Darin macht die Finanzaufsichtsbehörde auf erhebliche Risiken für Verbraucher, bis hin zu einem Totalverlust der Investition, aufmerksam. Damit hat die deutsche Finanzaufsichtsbehörde offensichtlich ihren Dienst getan. Das ist für mich ein scheinheiliger Verbraucherschutz.

Der erste bekannte ICO in Deutschland ist der Verkauf von Wys-Token durch die Berliner Wysker UG. Laut der Webseite ICO Alert ab es zum Stand Ende Juli 2017 über 60 ICO-Angebote, der ICO des Webbrowsers Brave erbrachte ca. 35 Millionen Dollar in weniger als 30 Sekunden. Heute gibt es auf der Webseite ICO Alert, die als umfangreichste Seite gilt, täglich hunderte neuer ICOs.

# V Geldwäsche war noch nie so einfach

Bedingt durch den enormen Anstieg der Bitcoin sind auch andere Kryptowährungen und ICOs sehr interessant geworden. Hunderte neue ICOs findet man auf den einschlägigen Seiten. Das neue Ecosystem ist übervoll und chaotisch, wenn man das so sagen darf. Jeder Coin beginnt mit einer Initial Coin Offering, einer ICO, eine Mischung aus Börsengang IPO und eine Art Crowdfunding Kampagne. Für eine ICO wird vor allen Dingen ein sogenanntes White Paper erstellt, welches den Investoren erklärt was man vorhat und wann welche Schritte stattfinden werden. Es gibt Whitepaper und Whitepaper, manche sind sehr professionell, andere überaus dürftig. Ein gutes Whitepaper ist aussagekräftig. Bei einem schlechten oder unzureichenden

Whitepaper sollte man ohnehin die Finger vom ICO lassen. Jeder der ein digitales Wallet hat kann sich in einen ICO einkaufen. 2017 wurden mit ICOs mehr als 4 Milliarden Dollar eingenommen. 2018 dürfte dieser Betrag um ein Vielfaches überboten werden. Weil die ICOs praktisch nicht reguliert sind bleiben die Initiatoren meistens anonym. Das bietet auch für Geldwäsche und andere düstere Geschäfte bishin zu Betrüg fantastische Voraussichten. Zahlreiche Regierungen weltweit sind besorgt, einige haben bereits strenge Richtlinien auferlegt, wie zum Beispiel USA, Australien, Singapore und China. Andere Länder, wie zum Beispiel ganz Europa machen beide Augen zu und lassen ICOs gewähren. Weder werden die Initiatoren, noch die Investoren genau unter die Lupe genommen, weshalb Geldwäsche sehr einfach ist. ICOs sind das ideale Umfeld für Geldwäsche im großen Stil. Da geht es nicht um tausende, sondern im Millionen. Vor allem in den USA hat dieses Bewußtsein dazu geführt, dass Kryptowährungen viel strenger reguliert wurden. Es wurden Maßnahmen ergriffen und viele ICOs sind in den USA verboten. Kriminelle Machenschaften mit Hilfe von ICOs sind sehr einfach. Die USA und viele andere Länder sind sehr streng, weshalb zahlreiche ICOs ihr Geschäftsfeld nach Europa verlegt haben. Ich habe mir einige ICOs in Europa näher angeschaut und es ist erschreckend was da stattfindet. Aber wie gesagt, bis jetzt werden bei den Finanzaufsichtsbehörden in Europa, der ESMA, aber auch bei den nationalen Behörden, wie auch in den Finanzministerien beide Augen geschlossen. Weshalb das so ist, das habe ich versucht kurz zu erklären, aber einen wirklichen

Grund dafür habe ich nicht. Meiner Meinung nach ist das fahrlässig und sogar gefährlich, nicht nur für die Wirtschaft und die Finanzdienstleistung, sondern auch für die gesamte Demokratie wegen fehlendem Vertrauen der Bürger in die Politik. Gegen kriminelle Machenschaften muss etwas unternommen werden, unterbleibt dies und der Bürger hat das Gefühl er wird nicht geschützt, so untergräbt dies langfristig die Demokratie, vom wirtschaftlichen Schaden verursacht durch Milliarden die in die Taschen ausländischer Krimineller fließen ganz zu schweigen. Auch Singapur hat Anfang des Jahres vor Gelwäsche und Betrug mit Hilfe von ICOs gewarnt. Terroristen würden sich mit Hilfe von ICOs finanzieren, alles wäre anonym, keiner wisse wo das Geld hingehe und es könnten sehr große

Summen von Geld in sehr kurzer Zeit eingenommen werden von ahnungslosen und naiven Kleinanlegern. China war das erste Land in der Welt, welches Kryptowährungen verboten hat, teilweise auch wegen der unregulierten Struktur der ICOs. Auch Süd Korea hat sich gegen die Kryptos entschieden und beides hat die Kryptomärkte stark beeinflusst. Auch die amerikanische SEC hat die ICOs damals streng reguliert. Regierungen weltweit sind besorgt wegen den großen Summen Geld die in die ICOs umgehen und teilweise spurlos verschwinden. Drogen, Terrorismus, alles kann im Spiel sein. ICOs sind ideal für kriminelle Aktivitäten, da sind sich alle einig. Der Ethereum Mitbegründer Vitalik Buterin hatte schon vorher gesagt, dass es ein Fakt ist, dass neunzig Prozent der ICOs nicht funktionieren würden. Fakt wäre auch, das neunzig Prozent der ICOs weltweit irgendwann wertlos seien. Viele würden wertlos, aber einige wenige würden erfolgreich sein. Wenn das passiert darf der Name der ICOs nicht beschädigt sein. Ein erfolgreiches Unternehmen kann es sich nicht leisten, Schwarzgeld zu besitzen und betrügerische Strukturen im Unternehmen zu haben. Der Name darf nicht negativ belastet sein. Deshalb ist es unheimlich wichtig, dass die ICOs und Kryptowährungen in Europa endlich und vor allem schnell reguliert werden.

Die Verantwortung kommt aber auch aus der Branche selbst. Wenn ICOs zeigen können, dass sie erfolgreich sein und das Geldwäsche, Betrug und kriminelle Aktivitäten keine Chance haben, dann bereinigt das auch den Markt. Wenn sie es nicht schaffen, dann müssen Regierungen eingreifen und das ist schädlich für alle ICOs, auch für die erfolgreichen. Geldwäsche ist eine schlechte Sache. Es schädigt der Wirtschaft, es schädigt Menschen und es macht die fantastische und positiv gedachte Idee der Blockchain kaputt. Das schwierigste allerdings ist Geldwäsche zu unterbinden, denn es ist außerdem nicht einmal so einfach die Geldwäsche mit Hilfe von ICO zu ermitteln. Geldwäsche funktioniert nämlich nur, wenn man sie nicht erkennt, ähnlich wie Betrug. Also werden diese Aktivitäten sehr gut versteckt. Nur wer sich hervorragend mit den ICO auskennt, die Strukturen der Firmen dahinter deuten kann und bestimmte Kursentwicklungen auf den Plattformen genau verfolgt, der hat eine Chance die Geldwäsche zu ermitteln. Dazu braucht man allerdings sehr viel Zeit und viel Personal. Es ist ein Prozess der lange dauert und mühsam ist. Außerdem stehen wir erst ganz am Anfang dieser neuen Entwicklung und sowohl Mitarbeiter, wie auch Führungskräfte in Finanzaufsichtsbehörden und Ministerien haben noch nicht genau erkannt was Sache ist und wie man sie beseitigt. Es sind ganz neue Strukturen und Vorgehensweisen die neue Denkanstöße notwendig machen. Ich habe mich mit Politikern, Behördenmitarbeitern und auch mit Staatsanwälten und Richtern unterhalten von denen ich gemerkt habe, dass sie keinen blassen Schimmer haben über das was sich da abspielt. Das ist nicht ihr Fehler, denn diese Experten können nicht über alles Bescheid wissen. Fest steht nur, dass die Profis in Sachen Geldwäsche mit ICOs den Regierungen weit voraus sind. Der Coinfirm CEO Pawel Kuskowski ist der Meinung, dass die Lösung darin besteht, dass man innovative, kreative und dynamische Blockchain Firmen dabei hilft, intelligente

Lösungen zu entwickeln, die zu dazu führen, dass sie konkurrenzfähig sein können. Die Blockchaintechnologie ist zur Zeit die fortschrittlichste Technologie weltweit und sie muss sich weiterentwickeln können, damit die ICOs auch einen Grund haben und eine Chance haben ihre Kunden zu kennen und auch daran interessiert sind, dass nur seriöse Firmen den Markt betreten. Da scheidet sich die Spreu vom Weizen und das kann am besten von innen heraus aus der eigenen Blockchainindustrie heraus geschehen. Es gibt zahlreiche Entwicklungen bei denen ICOs geholfen werden Geldwäsche zu erkennen und zu umgehen, dadurch, dass sie mit Token die Informationen der Kunden und die Daten der Kunden abgleichen. Diese zukunftsorientierten Blockchainexperten werden langfristig für eine

Lösung für das Geldwäscheproblem sorgen und damit für mehr Sicherheit auf dem Markt. In dem Augenblick in dem sie entscheiden, dass sie diese neue Entwicklung nicht kaputt machen lassen durch unseriöse Firmen können sie etwas ändern. Die meisten Menschen sind nicht bereit ihr Geld in unseriöse Plattformen oder ICOs zu investieren und Regierungen werden illegale Praktiken nicht unterstützen. Niemand möchte, dass die Blockchainentwicklung durch illegale Aktivitäten und gesetzeswidrige Geschäfte kaputt gemacht wird. Die Entwickler der Blockchain können daran beitragen dies zu ändern. Dank der Kryptowährungen ist es die beste Zeit für Geldwäsche die es je gab. Milliarden werden investiert in diese Kryptowährungen und ICOs ohne das man sehen kann wer investiert hat und eigentlich auch ohne dass man weiß in was investiert wird. Ein riesiger Luftballon voller Milliarden, der irgendwann platzen könnte. Virtuelle Währungen, wenn es denn überhaupt Währungen sind, in Europa bisher weitgehend unreguliert. Manchmal nenne ich das Monopolygeld, vielleicht ist es sogar noch mehr Wert, denn es ist immerhin ein Stückchen Papier. Initial Coin Offerings ist das Fundraising für Projekte basiert auf Blockchaintechnologie. Die Firmen geben digitale Token heraus, mit denen man dann in Zukunft zum Beispiel Produkte der Firmen auf der eigenen Plattform kaufen kann oder investieren kann. In sogenannte Whitepapers wird erklärt, was die Plattform macht und welche Software oder welches Produkt sie anbieten. Diese Kryptowährungen werden dann gekauft ohne notwendige Regulierung oder Finanzaufsicht. Die

Gefahr der Geldwäsche und/oder Betrug ist damit allgegenwärtig. Allein 2018 wurden bereits Milliarden eingenommen. Es ist bedingt durch die Technik sehr schwierig die Transaktionen zurück zu verfolgen. Jeder mit einer Internetverbindung und einem sogenannten Wallet kann teilnehmen an diesem Prozess und Coins kaufen. Da in den USA, China und Australien die Restriktionen und auch die Finanzaufsicht immer strenger werden, gibt es zahlreiche weniger seriöse Firmen, die ihre Tätigkeiten nach Europa verlegt haben oder verlegen. Getarnt als FinTech Firmen umgarnen sie vor allem den deutschen Markt. Das ist schlecht für den Ruf des FinTech Standortes Deutschland. In dem Augenblick in dem deutlich wird, wie groß der Umfang des möglichen Betruges/ Geldwäsche und anderer illegaler

Aktivitäten ist, in dem Augenblick könnte es zu spät sein. Gefordert sind Finanzaufsichtsbehörden schnell zu regulieren und strenger zu überwachen. Finanzaufsichtsbehörden in den USA und zum Beispiel auch in Singapur, warnen seit Monaten eindringlich vor den Möglichkeiten der Geldwäsche und des Betruges, welchen Risiken die Investoren ausgesetzt werden, wenn sie teilnehmen an einem ICO. Das große Problem ist vor allem, dass Kleinanleger keine Chance haben zu erkennen, ob die ICOs gekauft werden von Investoren, die Geld waschen und die womöglich mit der anbietenden Firma unter einer Decke stecken. Sie gehen damit ein großes Risiko ein wenn sie teilnehmen an einem ICO. Singapur hat davor eindringlich gewarnt. Die Singapore financiaal reulatory body and central bank, the monetary authority of singapore MAS hat deutlich gemacht, dass Geldwäsche ein sehr großer Faktor sei bei ICOs. IN Europa wird darauf bis jetzt noch kaum hingewiesen. Es sind bei den ICOs meistens sehr große Summen im Spiel, die meistens auch in sehr kurzer Zeit investiert werden. ICos bei denen die Coins relativ teuer sind, also ab ca einem Dollar eignen sich dafür besonders, je teurer die Coin bei der Ausgabe, desto einfacher ist es Geld zu waschen. Weltweit ist die Geldwäsche mit Hilfe von ICOs ein sehr wichtiger Diskussionspunkt bei Regierungen und Finanzaufsichtsbehörden achten darauf besonders, obwohl es für viele bis jetzt noch sehr schwierig ist, die Natur dieser neuen, besonderen Art der Geldwäsche zu erkennen und aufzuspüren. Die Kriminellen sind den Aufsichtsbehörden da mehrere Schritte voraus.

Es sind anonyme Plattformen auf denen praktisch alles geschehen kann, ohne dass man seine Identität bekanntmachen muss. Man kann Gelder überweisen, man kann Coins kaufen, alles praktisch unbeobachtet. Anti Geldwäsche Gesetze basieren darauf, dass man verfolgt wo das Geld herkommt, wie die persönlichen Umstände einer Person sind, ob größere Vermögen vorhanden sind. Man verfolgt die Spuren, all das ist nicht möglich bei den ICOs. Blockchainexperten allerdings erklären, dass jede Blockchaintransaktion für immer und ewig im System festgelegt ist und sich deshalb nicht für Geldwäsche eignen würde. Das mag sein. Gleichzeitig entstehen zur Zeit hunderte neue Blockchains, die meisten werden nicht überwacht und es sind tatsächlich auch einige ICOs dabei die nicht einmal eine Blockchain haben, obwohl sie damit werben. Das sind die ICOs die von vornherein auf Betrug angelegt sind. Bei einigen sind, so sind sich Blockchainexperten sicher, auch Geldwäschetransaktionen von vornherein mit eingeplant. Diese werden dann relativ schnell wieder als „nicht gelungen" verschwinden. Es sind so viele ICOs auf dem Markt, die perfekt sind für eine Geldwäsche, so die Experten. Es gibt mehrere Variationen, aber wie kann eine funktionieren. Hier ein Beispiel:

Der Kleinanleger Karl kauft im Rahmen einer ICO einige Token, in der Hoffnung, dass der Kurs steigen wird.

Karl kann seine Token auf einer großen Exchange verkaufen oder dort einstellen ( diese Exchanges wie Coinbase kosten viel Geld, nehmen hohe Gebühren ) oder er geht auf eine kleinere

Plattform, zum Beispiel HitBTC, Cobinhood, Okex etc. wo die Preise meistens etwas besser sind und mehr gehandelt wird, vor allem auch viel Coin gehandelt werden, die auf den großen US Plattformen verboten sind. Es tummeln sich da also auch viele Nieten im Teich, aber das interessiert Karl nicht, denn er will mit kleinem Einsatz schnell das große Geld machen.

Die Preise sind auf den kleineren Plattformen auch deshalb besser, weil Geldwäscher dort bessere Preise zahlen, mehr handeln, weil sie ihre Dollar oder Euro eintauschen möchten. Von solchen Kleinanlegern wie Karl profitieren die großen Geldwäscher, so wie Carlos.

Der kriminelle Carlos möchte sein Schwarzgeld verschwinden lassen und kauft die Token von Karl. Karl freut sich, denn er hat mehr verdient als auf den großen offiziellen Plattformen und Carlos freut sich ebenfalls, denn er hat nun Token, die nicht mit kriminellen Handlungen in Verbindung gebracht werden. Carlos geht jetzt zu irgendeiner anderen Plattform und verkauft seine Token für ganz normale Dollar oder Euro.

Alternativ kaufen sich Kriminelle in eine ganz normale ICO ein. Das können dann größere Beträge sein, wodurch dann bei einem ICO auch oft innerhalb weniger Minuten mehrere Millionen Dollar reingeholt werden. Carlos zum Beispiel hat 45 Millionen Dollar aus seinen Drogengeschäften in Südamerika, die er waschen muss. Das klappt hervorragend bei einer neuen ICO und diese freuen sich ebenfalls, denn sie können in den Online Finanzmagazinen rumposaunen, dass sie innerhalb weniger Minuten schon 45 Millionen Euro an ICOs verkauft haben. Manche Kleinanleger wie karl lesen das und steigen auch ein, vielleicht mit tausend Euro oder Dollar. Manche ICOs werden womöglich   auch  nur  für  diesen  Zweck aufgesetzt, auch dies ist eine Form des Betruges. Das Umfeld der Kryptowährungen ist ideal für solche Geldwäschekonstrukte und für Kriminelle aller   Art.   Die   Transaktionen   sind außergewöhnlich schnell im Vergleich zu dem traditionellen Bankensystem. Gleichzeitig gibt es dauernd   neue   Firmen   und   neue Finanzdienstleister –sie kommen und sie gehen, viel schneller als Finanzaufsichtsbehörden sie kontrollieren können. Eine Regulierung und Überwachung ist deshalb dringend notwendig. Geldwäsche und Betrug gehen hier nämlich Hand in Hand. In den USA können ICOs inzwischen nur noch stattfinden, wenn sie sich konform der

Gesetze der Gesetze der SEC verhalten. Das gleiche gilt auch für Singapur, wo die Behörden ähnlich streng überwachen. Amerikanische und auch Australische und andere Behörden gehen davon aus, dass diese strenge Überwachung der ICOs auf Dauer zu einem regulierten Markt führen wird. Vor allem auch können Investoren davon ausgehen, dass sie geschützt werden. Finanzaufsichtsbehörden sind letztendlich dazu da Bürger und somit Kleinanleger zu schützen. Es muss ein sicheres Marktumfeld geben, wo Kleinanleger sich sicher fühlen können. Das gilt auch für ICOs. Das anbieten und das führen solcher ICOs muss geregelt ablaufen, ohne das Geldwäsche und Betrug stattfinden können.

# VI Geldwäsche anzeigen ist schwierig

Was mache ich, wenn ich entdeckt habe, dass es sich bei einer deutschen ICO um Geldwäsche handelt. Nun, das ist eigentlich der schwierigste Teil. Während ich 100 Millionen Dollar in etwa 5 Sekunden mit Hilfe einer ICO waschen kann, kann ich einen Geldwäscheverdacht praktisch nicht loswerden. Ich versuche es beim Bundesministerium der Finanzen. Dieses will davon gar nichts wissen, ist nicht zuständig und verweist an die BaFIN. Nach fast einem ganzen Tag telefonieren habe ich endlich einen zuständigen Mitarbeiter in einem Referat am Telefon. Er ist sehr interessiert und sehr kompetent. Ich erkläre ihm, welche Beweise ich habe, was genau stattfindet, praktisch unter den Augen der BaFIN. Dann unterbricht er mich.

Handelt es sich bei der deutschen Firma, die die Geldwäsche aus dem Ausland mit Hilfe der ICOs betreibt um einen Finanzdienstleister ? Nein, das tut es nämlich nicht und deshalb ist die BaFIN auch nicht zuständig. Zuständig ist, nach Angaben des netten kompetenten Mitarbeiters das Zollamt. Das Zollamt ? Ja, sie haben seit Juni 2017 vom Bundeskriminalamt diese sogenannte Financial Intelligence Unit übernommen. Damit sollte der Zoll seinen Kampf gegen die Geldwäsche verstärken, so der Mitarbeiter. Ich versuche die Behörde telefonisch zu erreichen. Eine Woche lang, praktisch täglich. Mal morgens, mal mittags, mal Abends bei unterschiedlichen Mitarbeitern mit unterschiedlichen Telefonnummern. Auch die Mitarbeiter der Pressestelle versuche ich zu erreichen. Am Montag, am Mittwoch ( Dienstag war Feiertag, der 1. Mai ) am Donnerstag. Ohne Erfolg. Soll ich aufgeben ? Abe rich habe doch die ausführlich recherchierten Hinweise zur Geldwäsche und konkrete Hinweise dazu. Es geht um insgesamt etwa 80 Millionen Euro und Hinweise zu Hintermännern. Das müsste doch Jemanden interessieren ? Vor allem da ich bei jeder klitzekleinen Kontoeröffnung meine sämtlichen Daten, inklusive Schuhgröße etc. abgeben muss, damit ich bloß keine zehn Euro Schwarzgeld einzahle. Jährlich soll es etwa 40.000 Geldwäsche Verdachtmeldungen geben und ich habe einen konkreten Hinweis. Nach Recherchen des NDR würden von 29.000 Verdachtsmeldungen im Jahr 2017 noch 25.000 unbearbeitet irgendwo rumliegen. Vor allem seien das Faxe. Aha, jetzt weiss ich auch, weshalb Niemand Zeit hat zu telefonieren. Die sind offensichtlich alle mit den

Faxen beschäftigt. Gut, dass ich kein Fax geschickt habe. Die FIU ist offensichtlich überfordert. LKA, Staatsanwaltschaften und Polizei befürchten angeblich, dass es noch schlimmer werden würde. Nach meinen Erfahrungen diese Woche könnte das stimmen und dabei nimmt die Zahl der ICOs und damit der Möglichkeiten der Geldwäsche immer weiter zu und bleibt womöglich, bedingt durch den Arbeitsdruck in den Behörden immer öfter unentdeckt.

# VII MINING

Kryptowährungen sind ideal für Betrugsmaschen, da es keine einzige Regierung, Bank oder Behörde gibt, die das virtuelle Geld verwaltet. Alle Transaktionen laufen dezentral im Internet ab, über das Rechnernetz aller Teilnehmer. Derjenige Besitzer des Computers der einen Bitcoin oder Altcoin mint, also entdeckt, schöpft, der bekommt dafür eine Entlohnung. Deshalb gibt es immer mehr Menschen, die mit Hilfe von Mining Geld verdienen möchten und es gibt immer Menschen, die anderen Menschen glauben lassen möchten, dass sie als Miner Geld verdienen können. Wenn es so einfach wäre, dann würden diese sogenannten Experten ihr Geheimnis sicher nicht teilen. Innerhalb eines Netzwerkes werden alle Transaktionen bei denen mit Bitcoin gezahlt wird in einer Liste gespeichert. Dies ist ein sogenannter Block. Alle Vorgänge innerhalb eines Blocks werden in ein virtuelles Buch übertragen, ein sogenannter Blockchain. Zur Sicherheit wird ein Block erst in einen sogenannten Hash, einer langen Aneinanderreihung von Zahlen und Buchstaben, verschlüsselt. Mining funktioniert also so, dass Menschen neue Blocks suchen, diese dann in Hashs umwandeln und dann der Blockchain hinzufügen. So schürft man neue Bitcoins und gleichzeitig bekommt man einen Teil der Transaktionsgebühren, die ausserdem recht hoch sind. Das kann sich also lohnen. Weil es aber relativ einfach ist, für einen Computer einen neuen Hash zu erstellen, macht das Netz es immer schwerer neue Blocks zu hashen. Je weiter die Blockchain fortgeschritten ist, desto schwieriger wird es neue Blocks zu hashen. In Prinzip reicht neben einem sehr leistungsfähigen Computer, ein einfaches Bitcoin Wallet um zu minen. Gleichzeitig braucht man aber auch noch eine sehr gute Grafikkarte oder einen Bitcoin Miner um sich weltweit gegen die vielen, vielen anderen konkurrierenden Rechner durchzusetzen. Das Problem ist die große Konkurrenz der Miner weltweit. Inzwischen lohnt es sich finanziell nicht mehr für einen einzelnen um zu minen, denn der Stromaufwand für die geforderte Rechenleistung ist extrem und bringt also hohe Kosten mit sich, die könnte ein einzelner gar nicht tragen. Deshalb gibt es immer mehr Communities die gemeinsam minen. Mining Pools verteilen dann die Gewinne, also die entdeckten Bitcoins untereinander. Das scheint für viele sehr attraktiv zu sein und deshalb zieht diese Option natürlich auch „Piraten" an. Im Internet werben viele sogenannte Pools, Insider etc. damit, dass man sich anschliessen kann und damit Geld verdienen kann. Die meisten dieser sogenannten Miner Pools sind Betrugsmaschen. In den nächsten Jahren werden wir sich da sicher noch viele Opfer melden. Bis jetzt laufen diese Betrugsmaschen noch relativ unentdeckt ab, da sie noch in den Anfängen stecken, manche von einem System ins nächste wechseln, andere sich schämen und viele auch noch gar nicht gemerkt haben, was abläuft. Registrierte Nutzer geben gemeinsam ihre Rechnerleistungen für das Netzwerk frei. Angeblich soll man so im Kampf um die Blocks erfolgreicher sein. Die Erträge aus diesem Bitcoin Mining sollen dann unter den Teilnehmern aufgeteilt werden. Tatsächlich aber funktionieren viele dieser Tools nach dem Prinzip einer Pyramide. Wer oben sitzt, der bekommt Geld, weiter unten wird es immer weniger und letztendlich verlieren sehr viele Menschen mit solchen Methoden ihr Geld. Für mich ist es ein Rätsel, dass da nicht viel strenger reguliert wird. Die BaFIn informiert immerhin auf ihren Seiten. Folgendes sind Informationen der BaFIN, die so auf der eigenen Webseite veröffentlicht sind:

# VIII Informationen der BaFIN zu MiFID II

Zur Verfolgung des ständigen Ziels, den Anlegerschutz zu stärken, legt die Richtlinie besonderes Augenmerk auf Anlageberatung, Dokumentation der an Kunden erbrachten Dienstleistungen und Qualität der Auftragsausführung („Best Execution"). Es gilt der Grundsatz des ehrlichen, redlichen und professionellen Handelns und die Verpflichtung, fair und klar gegenüber Kunden zu agieren. Um potentielle Interessenskonflikte zu vermeiden, untersagt MiFID II unabhängigen Beratern und Portfoliomanagern, monetäre Vorteile anzunehmen.

Den zuständigen Behörden werden mehr Befugnisse eingeräumt. Sie können künftig eine Reihe von verwaltungsrechtlichen Maßnahmen,

Sanktionen und Geldbußen verhängen. Aufsichtsbehördensollen beispielsweise den Vertrieb bestimmter Produkte oder Dienstleistungen verbieten können. Für die Koordination der einzelnen nationalen Maßnahmen ist die ESMA zuständig, welche die Kommission bei der Erarbeitung der Durchführungsstandards zu MiFID II unterstützt.

MiFID II ist das allgemein gebräuchliche Kürzel für die Überarbeitung der 2007 verabschiedeten Richtlinie über Märkte für Finanzinstrumente (2004/39/EG), die gemeinhin als MiFID I (Markets in Financial Instruments Directive) bekannt ist. Die neue Richtlinie (2014/65/EU) und die dazugehörige Verordnung über Märkte für Finanzinstrumente (Markets in Financial Instruments Regulation, MiFIR, Verordnung (EU) Nr. 600/2014) werden am 3. Januar 2018 wirksam. Zum Ausschluss jeglichen Zweifels sei darauf hingewiesen, dass die Deutsche Börse jeweils einheitlich die Abkürzungen MiFID II/MiFIR verwendet. MiFID I bezieht sich auf die alte Richtlinie.

Von MiFID I zu MiFID II/MiFIR

Wesentliche Regelungen von MiFID betreffen:

- Anforderungen an die Geschäftsführung und Organisation von Wertpapierfirmen,
- Zulassungsanforderungen für geregelte Märkte,
- aufsichtsrechtliches Meldewesen zur Vermeidung von Marktmissbrauch,
- Transparenzpflicht im Aktienhandel und
- Vorschriften für die Zulassung von Finanzinstrumenten zum Handel.

2014 einigten sich die Europäische Kommission, das Europäische Parlament und der Rat der Europäischen Union auf eine Überarbeitung von MiFID, um die Effizienz, Widerstandsfähigkeit und Integrität der Finanzmärkte zu steigern und die Voraussetzungen innerhalb der Märkte zu vereinheitlichen.

Im Zuge der Überarbeitung der bestehenden Richtlinie wurde der Anwendungsbereich von MiFID II/MiFIR deutlich erweitert und umfasst nun ein weiteres Feld von Firmen und Instrumenten als MiFID I.

Insbesondere zielen MiFID II/MiFIR darauf ab:

- durch die Einführung von Vor- und Nachhandelstransparenzanforderungen für Nichteigenkapitalinstrumente mehr

Transparenz zu erzielen sowie die bestehenden Transparenzanforderungen für den Aktienhandel zu stärken und zu erweitern,

- mehr Geschäfte an geregelte Märkte zu verlagern, was durch die Einführung einer neuen Kategorie von Handelsplattform (Organised Trading Facility, OTF) für Derivate und Anleihen und eine Handelspflicht für Aktien an geregelten Marktplätzen unterstützt wird,

- die Verpflichtung der Europäischen Union zur Umsetzung der G20-Beschlüsse zu erfüllen: Handelspflicht von Derivaten an geregelten Handelsplätzen, Einführung von Positionslimiten und Meldepflichten für Rohstoffderivate, Erweiterung des Begriffs einer Wertpapierfirma auf Firmen, die im Rahmen ihrer Finanztätigkeit mit Rohstoffderivaten handeln,

- kleinen und mittleren Unternehmen (KMUs) durch die Einführung einer Registrierung als „KMU-Wachstumsmarkt" den Zugang zu Kapital zu ermöglichen,
- den Anlegerschutz durch ein Annahmeverbot für Provisionen, den Schutz unabhängiger Beratung, die Einführung neuer Vorschriften zur Produktüberwachung usw. zu stärken,
- durch die Regulierung des Hochfrequenzhandels (high-frequency trading, HFT) mit der Einführung von Anforderungen an Handelsplätze und Firmen, die HFT nutzen, die Anpassung an den technologischen Fortschritt zu gewährleisten,

- diskriminierungsfreien Zugang zu Handels- und Nachhandelsdienstleistungen zu ermöglichen und

- die paneuropäische regulatorische Aufsicht und die Kooperation zwischen den zuständigen nationalen Behörden zu stärken.

Entwicklung des Geltungsbereichs von MiFID II/MiFIR

Abhängig von Art und Volumen der Wertpapierdienstleistungen und Anlagetätigkeiten einer Firma werden MiFID II/MiFIR unterschiedliche Auswirkungen haben. Allerdings ist keine Firmenkategorie als solche von der Anwendung der Bestimmungen ausgenommen. MiFID II/MiFIR gelten definitionsgemäß für Wertpapierfirmen,

Kreditinstitute, bestimmte nichtfinanzielle Gegenparteien, zentrale Gegenparteien und Drittlandfirmen, die Wertpapierdienstleistungen und Anlagetätigkeiten in der Europäischen Union ausführen. Den zuständigen nationalen Behörden ist das Recht vorbehalten, in letzter Instanz zu entscheiden, wen sie abweichend von oder ergänzend zu diesen Definitionen als Wertpapierfirma gemäß MiFID II/MiFIR und was sie als Wertpapierdienstleistungen und Anlagetätigkeiten betrachten.

Aufgrund des enormen Umfangs, der Ausführlichkeit, Verflechtung und Querverweise der regulatorischen Bestimmungen sowie der Durchführungsbestimmungen sind MiFID II/MiFIR äußerst komplex und in ihrer Gesamtheit nur schwer zu verstehen. Noch komplexer gestaltet sich die Sachlage durch die vorgesehene mehrphasige Entwicklung von MiFID II/MiFIR: So werden einige Bestimmungen stufenweise eingeführt und Teile der sogenannten Level 2-Maßnahmen sind potenziell laufenden Änderungen unterworfen.

Zum besseren Verständnis der regulatorischen Reformen im Rahmen von MiFID II/MiFIR empfiehlt es sich, weitgehend den von der Europäischen Kommission, vom Europäischen Parlament und vom Rat der Europäischen Union verwendeten Kategorien zu folgen und diese den nachstehenden Segmenten zuzuordnen.

# IX Kryptofieber bei den Regierungen

Seit Anfang 2018 tut sich einiges im Bereich der Kryptowährungen und ICOs. Es gab sehr starke Kursschwankungen beim Bitcoin und anderen Altcoins. Fest steht, sowohl Finanzaufsichtsbehörden, wie auch Regierungen sind der Meinung, dass in Europa ähnlich wie in anderen Ländern weltweit, die Kryptowährungen und ICOs strenger reguliert werden müssen. Ich habe mich mit der niederländischen Finanzaufsichtsbehörde AFM unterhalten und dort ist man der Meinung, dass die Regulierung besser heute als morgen stattfinden sollten. Ich habe außerdem mit der BaFIn unterhalten und dort erzählte man mir, dass man noch nicht so sicher sei, ob eine Regulierung überhaupt gut sei. Welcher Gedanke steckt dahinter ? Es könnte so sein, dass der Bankensektor in Deutschland womöglich sogar froh ist, wenn die meisten ICOs gegen die Wand gefahren werden oder die Betrüger ( 81 % sollen Betrug sein, so eine Satis Studie aus März 2018 ) mit dem Geld abhauen. Denn in diesen Fällen kann man sich als Bank zurücklehnen und sagen: „Na, seht ihr, wärt ihr doch nicht so dumm gewesen, euer Geld da zu investieren. Wir haben doch so gute Investitionsmöglichkeiten." Dieses Argument habe ich auch öfter von Geschädigten von kriminellen Online Brokern gehört. Sie erzählten mir über Banken, die nicht bereit seien mitzuhelfen, dass verlorene Geld zurückzubekommen und Berater die statt dessen sagten: „Ja, es ist ihre eigene Schuld, wenn sie diesen Firmen vertrauen. Wir bieten auch sehr gute Investitionsmodelle an." Dies habe ich oft von Bankberatern gehört. Statt das die Bank hilft, ist sie offensichtlich glücklich, dass den Kleinanlegern so etwas passiert. Die Bosse in den oberen Etagen sind da vielleicht etwas vorsichtiger in ihrer Ausdrucksweise, aber die Berater am Schalter oder die direkten Kundenberater sind etwas naiver oder besser vielleicht unvorsichtiger und wenn man lange genug nachhackt, dann sprechen sie das aus, was man sowieso vermutet. Das würde also bedeuten, dass die Banken wenig Interesse an einer Regulierung der ICOs und der Kryptowährungen haben und diese ihre finanzpolitische Einstellung weiterleiten an die zuständigen Ämter und Behörden. Wenn man ICOs regulieren möchte zum Schutz der Kleinanleger, wie in den USA und in China längst geschehen, so hätte man das auch in Europa längst gemacht. Wenn die „große" Politik es will, dann wird es schnell durchgezogen. Das bedeutet für mich also, dass es kein Interesse gibt. Die Mitarbeiter der Finanzaufsichtsbehörde haben mir das indirekt bestätigt. Hinter den Kulissen wird offensichtlich von den Drahtziehern argumentiert, dass eine Regulierung nicht wünschenswert sei. Kommuniziert wird dies zum Bürger hin nicht.

## Savedroid

Am 19. April 2018 sind sämtliche Investoren der Savedroid Coin erstmal ausgeflippt. Ein deutsches FinTech Unternehmen, Start Up mit angeblich tollen Ideen, in zahlreichen Magazinen und Online Magazinen gefeiert als fantastisches Unternehmen mit großartigen Plänen und einem hervorragenden Managment. Plötzlich war der

CEO verschwunden. Die eigene Webseite nicht mehr erreichbar nur ein Bild aus der Comicserie Southpark: annnnnd its gone. Und es ist weg. Der CEO Yassin Hankir schickte Bilder aus einem Urlaubsort in Egypten, er sei abgehauen mit dem Geld der Investoren. Sechs Milliarden Token verkauft, 40 Millionen Euro eingenommen.

## X Worst Case

Das schlimmste was einem Kleinanleger passieren kann, ist das sein Geld weg ist. Das er merkt, dass er einem Betrüger in die Falle geraten ist und er sehr wenig Chancen hat, sein Geld zurück zu bekommen. ER geht zur Polizei und erstattet Anzeige. Im digitalen Zeitalter macht die Polizei ihm aber in der Regel wenig Hoffnung, dass er sein Geld zurückbekommen kann. Hat er über Kreditkarte bezahlt, so kann er versuchen über seine Bank mit Hilfe des sogenannten Charge Back Verfahrens sein Geld zurück zu bekommen. In den meisten Fällen sind die Banken allerdings wenig kooperativ, so die Erfahrung die viele betrogene Kleinanleger gemacht haben. Korrupte Online Broker sind oft gute Kunden, außerdem verdient die Bank an den Zinsen der kleinen Bürger. Es ist also nicht in ihrem Interesse zu helfen, so die Erfahrung. Einige wenden sich dann an die BaFIN, aber auch hier gibt es für den Bürger wenig Hilfe. Die BaFin nimmt die Informationen auf und falls notwendig ermittelt sie. Meine Erfahrungen sind die, dass die BaFIN hoffnungslos überlastet ist, die Beamten keine Zeit haben sich mit den Kleinanlegern zu unterhalten und offensichtlich auch genervt sind über die vielen Fälle. Manche Mitarbeiter, wenn man dann an die Abteilungsleiter rankommt legen mehr oder weniger sofort auf. Für mich ist das ein Zeichen dafür, dass sie arbeitsüberlastet sind und selbst nicht genau wissen, was sie tun können oder sollen. Interessanterweise sind auch die BaFIN Mitarbeiter in der Hinsicht genauso naiv wie die Kleinanleger. Wenn eine namhafte Bank oder ein großes ausländisches Finanzunternehmen an ein betrügerisches deutsches Unternehmen, wenn auch nur indirekt beteiligt ist, dann kann man sich nur schwer vorstellen, dass es nicht mit rechten Dingen zugeht. Das habe ich im Laufe der Jahre erfahren. Es dauert dann länger, bis der eigentliche Skandal aufgedeckt wird. Schafft es also ein betrügerisches Unternehmen mit Hilfe hervorragender Kontakte scheinbar seriöse Firmen miteinzubeziehen, so ist das fast schon ein Freibrief Kleinanleger zumindest über einen bestimmten Zeitraum betrügen zu können.

# XI ICOs und Betrug

Laut einer aktuellen Studie vom Februar 2018 der amerikanischen Satis Group seien 81 Prozent aller ICOs als Betrug aufgesetzt. Eine erschreckende Zahl die ich aber ohne weiteres so glaube, da auch ich seit Jahren diese Vermutung habe. Ich werde in einem nächsten Kapitel noch detailliert darauf eingehen. Allerhöchste Zeit also, vor allem in Europa zu regulieren und zu überwachen. Das, was zahlreiche andere Länder längst getan haben. Stand Mei 2018. Die Crowdfunding Plattform Kickstarter und auch fast alle anderen Crowdfunding Plattformen behalten das Geld bis das Ziel erreicht ist und das gibt den Investoren eine kleine Garantie, dass das Projekt auch beendet wird. Meistens handelt es sich bei den Investitionen um sehr kleine

Summen. Verrückt ist in diesem Zusammenhang, wie die Firmen mit ICOs, ohne dass sie reguliert sind in Europa, trotzdem immense Summen eintreiben können. Viele ICOs starten bei 50 Millionen Dollar und erreichen dieses Ziel. Investoren geben Geld ohne irgendeine Garantie. Rein auf die schönen Worte von Marketingexperten und Inhabern von solchen Firmen. Dahinter steckt wohl auch

ein wenig Gier. Die Gier schnell reich werden zu können, so wie die ersten Bitcoinkäufer. Wenn man davon ausgeht, dass die Studie ergeben hat, das 81% aller ICOs von vornherein als Betrug aufgesetzt wurden, dann ist das schon ziemlich unglaublich. Persönlich gehe ich davon aus, dass die Betrugszahl noch höher ist, vielleicht sogar über neunzig Prozent. 2017 war das Betrugsjahr der ICOs, für China Grund genug diese Form der

Finanzierung zu verbieten. Sind denn die Inhaber der Firmen der ICOs alles Betrüger ? Vielleicht sind einige dabei. Wichtig ist es, dass Regulierungsbehörden und Finanzaufsichtsbehörden ein Umfeld schaffen, in welchem es sich viel weniger lohnt betrügerische Blockchains oder ICos aufzusetzen, als solche die erfolgreich sein können. Nur dann wird auch in Europa ICOs und Blockchaintechnologie funktionieren. Wer die Regeln einhält wird mit Erfolg belohnt, so muss das System aufgesetzt sein. Jetzt werden kriminelle Firmen belohnt, statt sie zu bestrafen. Einfache Leute die gut reden können werden jetzt innerhalb von Stunden und manchmal sogar Minuten zu Multimillionären, ohne dass sie etwas dafür getan haben, außer ICOs schmackhaft zu machen. Wenn es Betrügern so leicht gemacht wird, dann braucht man sich nicht wundern, dass der ein oder andere sich weder um Integrität noch um Ehrlichkeit kümmert. Wen also werfen wir was vor ? Wer ist der Schuldige ? Selbstverständlich ist der Investor und auch der Kleinanleger selbst verantwortlich dafür, worin er sein Geld investiert, wem er es gibt und wenn er es Firmen gibt von denen er keine Ahnung hat was sie eigentlich machen, was si emit dem Geld vorhaben und was sie produzieren, nur weil er glaubt, die Coin könnte ihm Wert steigen, weil er es so im Internet gelesen hat, dann ist das einfach nur unglaublich dumm. Niemand wird gezwungen sein Geld in ICOs zu investieren. Klar, man kann das machen in der Hoffnung, dass die eigene Coin zu den weniger als 10 Prozent gehört, die nicht wertlos wird und wenn die Coin wertlos wird, dann ist das Geld halt weg und man denkt darüber nicht mehr nach. Es gibt Investoren, auch Kleinanleger die so handeln. Das ist ihre eigene Entscheidung. Ohne Regulierung in eine Coin oder eine ICO in Deutschland zu investieren, ohne dass es eine Möglichkeit gibt sich zu schützen, zum jetzigen Zeitpunkt ist einfach nur unglaublich dumm und ich habe überhaupt kein Mitleid mit Menschen, die dies machen ohen sich vorher zu informieren. Ja, es gibt meiner Meinung nach auch in Europa zur Zeit einige wenige interessante Coins. Machen sie wahr was sie versprechen ? Das wird die Zukunft zeigen. Mit dem Geld abzuhauen und nichts einzuhalten ist ohne Regulierung in Europa sehr einfach. Es ist der Goldrausch oder der Netrausch der neunziger Jahre. Diejenigen, die in die richtigen Firmen, Coins investiert haben sind reich geworden und die 99% die das nicht getan haben, haben ihr Geld verloren. Meistens sind diejenigen Reich geworden, die aus dem Umfeld stammten und vielen anderen wurde sehr viel versprochen, was nicht eingehalten wurde. Letztendlich ist diese Blase geplatzt, aber das Internet hat sich durchgesetzt. So könnte es auch mit Blockchain und Tokens sein. Die Blase wird platzen, viele werden Weinen weil sie ihr Geld verloren haben aber letztendlich wird sich Blockchain als neue Technologie durchsetzen. Bis heute haben die Menschen offensichtlich nur wenig gelernt.

# XII Was aber können wir tun ?

Viele Startup Firmen haben ICOs die nicht professionell genug sind. Manche sind sogar überrascht über den eigenen Erfolg „ Wow, wir hätten wirklich nicht gedacht, dass wir so viel Geld einnehmen mit unserem ICO". Die Kleinanleger sind also offensichtlich viel risikobereiter als gedacht, sie sind gierig, haben nicht nachgedacht, sich nicht genügend informiert und haben offensichtlich mehr Vertrauen in das Unternehmen als die Gründer. Die meisten Kleinanleger haben sich womöglich nicht genügend informiert. Wobei das Kapitel Information nicht einfach ist. Es gibt hunderte online Magazine für Broker, ICOs und andere Finanzprodukte. Viele gehören zum eigenen Umfeld, werden bezahlt für die Werbung und veröffentlichen keine unabhängigen Artikel sondern reine Werbegeschichten. Andere zahlen auch viel Geld dafür, dass negative Berichterstattung oder kritischer Artikel weiter nach hinten verschwinden und wer schaut sich schon Seite 58 an, von den vielen Seiten die zu einem bestimmten Thema aufpoppen. Ich mache es manchmal genau umgekehrt und fange ganz von hinten an zu recherchieren, da wo die Artikel stehen, die die Firma vielleicht versucht hat, weg zu mogeln. Rufe das Unternehmen an bevor die investierst Spreche mit den Geschäftsführern, lasse Dir erklären, weshalb diese ICO so gut sein soll. Wer technische Ahnung hat sollte sich auch die Technik erklären lassen. Ich habe mich oft mit Blockchainexperten unterhalten. Leider haben die wenigsten Investoren Ahnung über die ICOs und worin sie eigentlich investieren, sonst würden die meisten der ICOs tatsächlich schon von vornherein auffliegen. Wichtig ist auch zu erfahren, wann die Token verteilt werden, je länger dieser Termin hinausgeschoben wird, desto schlechter. Man sollte nicht investieren in ICOs, die in weiter Zukunft liegen. Beachtet werden sollte außerdem, dass anders als bei Aktien, der Inhaber der Token keinerlei Einfluss hat auf die Entscheidungen der Firmengründer oder CEOs. Der Tokeninhaber ist und bleibt Kunde und nicht mehr. Ob der Inhaber das Geld tatsächlich verwendet für das was er angegeben hat ist vollkommen seine Entscheidung. Die Tokeninhaber haben keinerlei Einfluss, das sollte einem immer klar sein. Nochmal, gerade aus diesen Gründen halte ich eine zügige Regulierung und strenge Überwachung des Marktes in Europa, so wie es in den USA schon seit einem

Jahr gehandhabt wird, für absolut notwendig. Wer in Token investiert, sollte sich darüber im Klaren sein, dass es immer eine langfristige Investierung sein sollte. Kurzfristig wird sich wenig ändern und ob die Firma tatsächlich ihre Versprechen einhält, dass ist auch nicht sicher. Man sollte deshalb auch nur „Spielgeld" investieren. Den Gesamtverlust sollte man immer verkraften können. ICOs sind und bleiben eigentlich eine große Wette und sind eigentlich nur etwas für „Zocker". Was man aber machen kann und das ist womit viele ICOs auch werben, ist die Token zu verhandeln auf den Plattformen. Man kann dort in Token oder Coins handeln, ähnlich wie am Aktienmarkt. Die Coins kaufen und verkaufen und darauf hoffen, dass sie im Wert steigen. Bitcoin und andere Altcoins wie Ethereum, Litecoin etc. sind 2017 sehr stark gestiegen, dann etwas runtergegangen und haben sich Mitte 2018 mehr oder weniger eingependelt. Es kann durchaus sein, dass sie wieder stark steigen, runtergehen – es sind volatile Produkte. Die hunderte kleinen ICOs sind mit in diesem Haifischbecken und steigen oder fallen mit. Was man nicht weiß als Kleinanleger sind die Strukturen hinter den Kulissen. ICOs sind ideal zur Geldwäsche, ich habe als Kleinanleger aber keine Ahnung ob sie dafür tatsächlich genutzt werden. Wenn Geldwäsche mit im Spiel ist, dann können die Kurse sehr schnell kurzfristig rauf und dann wieder runter gehen, das sogenannte „Pump and Dump". Viele ICOs werben damit, dass man, wenn man darin investiert auch die Menschheit helfen würde, ein Ecosystem würde geschaffen, in welchem jeder ein Konto eröffnen könne, Zugang zu Geld und

Kredite für jedermann, bessere Lebensumstände für viele Menschen weltweit. Manche investieren vielleicht auch aus diesem Grund in ICOs. Tatsächlich aber darf man nicht vergessen, dass zum jetzigen Zeitpunkt das System der ICos vollkommen kaputt ist, weil kein Vertrauen da ist. Investierungsprodukte, von denen mehr als achtzig Prozent als Betrug angelegt sind, laut der Satis Studie, die können langfristig nicht überleben. Ich aber glaube nach wie vor an Blockchain und die Zukunft der Kryptowährungen, vorher aber muss sich vieles ändern. Vor allem müssen diese Produkte so wie alle anderen Finanzprodukte überwacht und reguliert werden. Es muss vertrauen geschaffen werden. Daran aber haben die ordentlichen Banken weltweit kein großes Interesse. Sie hoffen eher darauf, dass viele Kleinanleger mit den ICOs auf die Nase fallen und dann diese Produkte ignorieren. Eine solche Denkweise ist arrogant und dumm, das ist meine Meinung. Die Welt verändert sich andauernd und ich habe bei Blockchainkonferenzen hervorragende Produkte gesehen. Ideen, die wenn sie umgesetzt werden die Welt verbessern. Nicht die ICOs sind schlecht, sondern die Art und Weise wie sie zur Zeit vermarktet und verkauft werden. Das gesamte System der ICOs sollte überdacht und verändert werden. Vor allem sollte das Geld, die Euro oder Dollar auf separaten Konten verwaltet werden und nicht sofort dem Unternehmer zur Verfügung stehen. Eine ICO verlangt eine andere Geschäftsführung und Ordnung. Die Kunden sollten gleichzeitig mehr Einspruch bekommen und anders als jetzt auch demokratisch mitentscheiden können über Finanzierungen und zukünftige Entwicklungen der Firma. Die Verantwortung dafür liegt letztendlich bei den Investoren, denn nur wenn die Investoren Druck machen und das verlangen, dann wird dies auch geschehen. Die Firmen, die ICOs anbieten werden dann verpflichtet ihren Versprechungen nachzukommen und gleichzeitig wird der Markt die betrügerischen ICOs nicht mehr akzeptieren, da sie auffallen würden. Nur so werden die ICOs überleben und zu einem interessanten Finanzprodukt werden. Die Finanzaufsichtsbehörden, wie ESMA in Europa und auf nationaler Ebene zum Beispiel BaFIN sorgen für die Rahmenbedingungen und die Aufsicht. Jetzt aber ist die Situation noch ähnlich wie der wilde Westen, praktisch ohne Aufsicht, praktisch ohne Regulierung, ein Paradies für

Betrüger und ein hochriskantes Investment für interessierte Kleinanleger.

# XIII Mehr als 80 Prozent der ICOs sind Betrug.

Im Laufe der Recherche zu den Initial Coin Offerings habe ich mehr und mehr festgestellt, dass es sich bei vielen dieser ICOs um Betrug handelt oder handeln könnte. Jetzt hat das New Yorker Research-Unternehmen Satis Group eine erste öffentliche Studie dazu erstellt, wie schon vorher erwähnt. Satis hat die Initial Coin Offerins (ICOs) untersucht. Das Ergebnis: Über 80% aller ICOs sind Betrug. Als Betrug definieren die Forscher „jedes Projekt, das ein ICO-Investment impliziert, über diverse Internet-Seiten beworben wird, keine Absichten hat, das eingesammelte Geld für Projektpflichten zu verwenden und von der Community im Nachhinein als Betrug abgestempelt wurde."

Untersucht wurden Initial Coin Offerins (ICOs) mit einer Marktkapitalisierung von mindestens 50 Millionen US-Dollar anhand öffentlich verfügbarer Daten inkl. White Paper, die Zeichnung sowie das Listing der Tokens. Lediglich acht Prozent schaffen es, auf einer Exchange gehandelt zu werden. Die Studie kam weiterhin zu dem Ergebnis, dass nur 47 Prozent dieser ICOs, die es auf eine Exchange schaffen, erfolgreich sind. 20 Prozent sind vielversprechend und der Rest hat einen rückläufigen Charakter. Nur acht Prozent der Tokens sind also auf einer Börse gelistet. Dabei gebe ich noch zu bedenken, dass es inzwischen auch zahlreiche kleinere Plattformen gibt, die von den eigenen Kunden nicht als seriös eingestuft werden. Das bedeutet also, dass von diesen 8 Prozent womöglich auch noch einige als betrügerisch eingestuft werden müssten. Darüber sollte man sich in den Internet- und Diskussionsforen informieren. Satis ist kein Kryptowährungs-Amateur, sondern hat ein professionelles Team im Bereich Finanzierung und ICOs. Die Autoren der Studie, „ICO Quality: Development & Trading" Sherwin Dowlat und Michael Hodapp, haben die ICOs in sechs Gruppen eingeteilt: Betrug, Gescheitert, Tot, Schrumpfend, Erfolgsversprechend, Erfolgreich. Nachdem Twitter bestätigte, Werbung in Bezug auf Kryptowährungen und ICOs zu verbieten, ist der Kurs der Kryptowährungen gefallen. Der Nachrichtendienst folgt damit dem Beispiel von Facebook und Google, obwohl ich bis heute immer wieder Werbung sehe, manchmal versteckte Werbung. Es soll dadurch in erster Linie schwieriger werden, schnelles Geld durch ICOS zu verdienen, was keine schlechte

Konsequenz ist, wenn man bedenkt, wie viele ICOs erfolgreich sind.

# XIV Europäische Wertpapieraufsicht ESMA schiebt dem Verkauf von riskanten Finanzprodukten an Kleinanleger einen Riegel vor.

Die Behörde verbietet wegen des hohen Verlustrisikos den Verkauf von binären Optionen und schränkt den Verkauf von Differenzgeschäften (CFDs) in der Europäischen Union (EU) ein. "Durch die Maßnahmen wird ein besserer Anlegerschutz in der gesamten EU gewährleistet, indem ein gemeinsames Mindestschutzniveau für Kleinanleger eingeführt wird", sagte ESMA-Chef Steven Maijoor am Dienstag. "So wird mit den neuen Maßnahmen zu CFD erstmals sichergestellt, dass die Verluste der Anleger den von ihnen angelegten Betrag nicht übersteigen können." Bei binären Optionen wetten die Käufer auf ein bestimmtes Ereignis: Tritt es ein, erhalten sie einen bestimmten Betrag, ansonsten verfallen die Optionen wertlos und der Investor verliert seinen Einsatz. Differenzgeschäfte sind Hebelprodukte - bei ihnen besteht die Gefahr, dass Anleger deutlich mehr Geld verlieren als sie ursprünglich investiert hatten. Sie sind Spekulationen auf die Kursentwicklung von Basiswerten, etwa von Aktien, Rohstoffen, Währungen oder Zinssätzen. Der Kapitaleinsatz ist relativ gering. Bei einer positiven Kursänderung des Basiswerts erhält der Anleger den Differenzbetrag, bei einer negativen muss er ihn ausgleichen. Nach Angaben der ESMA ziehen Privatanleger bei den Finanzwetten fast immer den kürzeren. Analysen zum CFD-Handel in verschiedenen EU-Staaten hätten gezeigt, dass in 74 bis 89 Prozent der

Kleinanlegerkonten üblicherweise Anlageverluste verzeichnet werden, wobei der durchschnittliche Verlust pro Kunde zwischen 1600 und 29.000 Euro beträgt. Auch bei binären Optionen hätten Kleinanleger durchgängig Verluste erlitten. Die deutsche Finanzaufsicht BaFin hatte schon im vergangenen Jahr Differenzgeschäfte mit einer Nachschusspflicht verboten. Es war das erste Mal, dass die Behörde eine ganze Gruppe von Finanzprodukten untersagte. Die meisten Broker lößten das Problem dadurch, dass sie die Nachschusspflicht aufhoben und machen jetzt einfach weiter. Die noch strengere Maßnahme der ESMA ist eine Folge der zahlreichen Verluste der Kleinanleger. Die ESMA-Maßnahmen gehen also weiter als die Bafin-Regeln und beschränken sich nicht auf Differenzgeschäfte mit Nachschusspflicht. Die

ESMA führt Hebel-Obergrenzen zwischen 30:1 und 2:1 zum Beispiel für Kryptowährungen ein, die ausserdem von der Volatilität des Basiswerts abhängig sind. Zudem wird der mögliche Verlust für Kleinanleger begrenzt: Bei einem Verlust von 50 Prozent müssen die Differenzgeschäfte automatisch geschlossen werden. Daneben müssen CFD-Anbieter laufend vor den Risiken warnen und über ihre Kunden aktuelle Verluste informieren. Auch Handelsanreize werden verboten - so können Anbieter nicht mehr mit Prämien und Bonusse werben, wenn Privatanleger bei ihnen CFDs handeln. Die Aktien von CFD-Anbietern gingen nach der ESMA-Ankündigung runter. Die Papiere der IG Group verloren 6,2 Prozent, Plus500 büßten 0,9 Prozent ein und CMC Markets verloren 1,1 Prozent. Die IG Group kritisierte die Entscheidung der ESMA. Es bestehe das Risiko, dass Kleinanleger zu weniger regulierten Anbietern außerhalb der EU abwandern würden. Die meisten IG-Kunden seien aber keine Kleinanleger sondern versierte Investoren, so wurde verkündet. Die Aktienkurse beruhigten sich den den Tagen nach der Ankündigung. Diese ESMA-Maßnahmen treten im Sommer 2018 in Kraft. Zuvor müssen sie im Amtsblatt der Europäischen Union veröffentlicht werden. Die Beschränkungen gelten ab dem Inkrafttreten nur für drei Monate, können aber um weitere drei Monate verlängert wird

# XV Wie investiere ich in Kryptowährungen und ICOs ?

Kryptowährungen kaufen ist nicht so einfach wie Aktien kaufen. Man braucht ein wenig technisches Verständnis. Um in eine ICO zu investieren, muss ich zuerst Ethereum, Bitcoin oder Litcoin kaufen und diese in ein Wallet deponieren. Daraus kann ich diese dann umtauschen in meine bevorzugten neuen Coins. Auch deshalb wäre eine strengere Regulierung wünschenswert. Dann wäre es in Zukunft womöglich einfacher, um ICOs zu kaufen und die Risiken würden geringer werden. Die betrügerischen Plattformen würden dann ohnehin verschwinden. Viele ICOs sind ja wie gesagt entweder als Betrugsform aufgesetzt oder die Inhaber sind nicht professionell genug, weshalb sie erst gar nicht aktiv werden und das eingesetzte Geld verschwindet. Der größte Kritikpunkt ist wohl, dass in jedem White Paper umschrieben wird, dass es keinerlei Recht gibt, wenn man Coins kauft. Die Chance, dass das Unternehmen nichts erreicht ist also viel größer als die Chance das es etwas erreicht. Weltweit ist die Gier den Menschen offensichtlich in die Augen geschrieben. Ich wudnere mich, dass auf Coin Alert hunderte ICOs Geld einsammeln und dort auch viele viele Millionen eingesammelt werden. Wie gesagt, mein Research hat ergeben, dass es sich bei den Milliarden, die es insgesamt gibt um viele, viele Schwarzgeldkonstruktionen gibt. Schwarzgeld wird zur Zeit weltweit mit Hilfe von ICos gewaschen. Es gibt nur wenige Länder, die dies erkannt haben, darunter sind die USA, Singapur, Australien, Kanada und China. Europa ist das Paradies und deshalb der HotSpot der FinTech Unternehmen die ICos anbieten. Irgendwann, und das wird nicht mehr lange dauern verpufft der ganze Laden und geht in die Luft. Die Folgen sind nicht abschätzbar, doch könnten sie den FinTech Standort Deutschland und damit auch Europa langfristig großen Schaden zufügen. Im Kontrast dazu gibt es Start Up Unternehmen, die sorgfältig erarbeitete Business Pläne vorlegen und von ihren Banken dennoch viele kritische Fragen beantworten müssen. Bis ins letzte Detail werden solche Pläne von Investoren kritisch auseinandergenommen. Warum sollte man sich diesen Problemen aussetzen, wenn man mit einem ICO innerhalb von Minuten hunderte Millionen einnehmen kann und dies sogar noch ohne, dass man irgendetwas versprechen muss und sogar darauf hinweist, dass das Ziel womöglich nicht erreicht wird und der Investor keinerlei Rechte hat. Warum sollte man kritische INvestorfragen beantworten, wenn es auch so geht. Ich mache da wirklich den Behörden einen großen Vorwurf, vor allem in Europa und vordergründig in Deutschland. Es sieht ganz danach aus, als hätten sie sogar ein Interesse daran, dass Investoren ihren Einsatz verlieren, denn dann kann man nachher sagen, seht ihr, ihr seid selbst Schuld. Das allerdings ist fahrlässig und könnte bestraft werden mit mangelndem Vertrauen. Tokens geben auch anders als Aktien keinerlei Rechte, keine Stimmrechte, kein Anteil an Besitz oder Gewinn/Verlust, sondern meistens gar keine Rechte. Es sind auch keine Schulden, es gibt also von Seiten der Firma auch keinerlei Verpflichtungen und von Seiten des Investors keinerlei Möglichkeiten sich irgendwo zu beschweren. Manche Investoren antworten auf meinem YoutTube Channel Gamesoftruth: wenn die Firma pleite geht, an wen kann ich mich wenden ? Ich gehe zur BaFIN, haha, das wird nicht funktionieren. An Token sind keinerlei Rechte verbunden. Gar keine ! Eine strengere Regulierung könnte diese Unsicherheiten Beiseite schaffen. Gleichzeitig ist aber die Naur der Kryptowährungen genau diese dezentralisierung, dass was sie so attraktiv macht für junge Investoren. Derjenige der Bitcoin und Co erfunden hat, derhat damit auch ein raffiniertes System aufgesetzt, mit welchem man Investoren betrügen kann, ohne das dem Erfinder eine Strafe oder ein Vebot droht. Manchmal denke ich, wenn es artificial Intelligence gäbe, dann hätte sie als erstes die

Bitcoin erfunden. Keiner weiß bis heute wer der Erfinder der Bitcoin ist. Vielleicht sind die AI ja schon längst unter uns. Viele der Investoren sind begeisterte Anhänger von ICOs gerade weil sie nicht reguliert sind, weil sie nicht überwacht werden, weil sie nicht teil des gängigen Valutasystems sind und also in Händen von Regierungen oder Banken. Kryptowährungen sind anonym und dezentralisiert ( zumindest hauptsächlich ). Die Entscheidungen hinsichtlich des Wertes einer Coin sind nicht diktiert. Eine dritte Partei macht den Preis. Gleichzeitig fordern Kritiker immer strengere Regulierungen vor allem um Investoren zu schützen. Das Problem dabei ist, dass die meisten nicht einmal verstanden haben und dazu gehören auch Behörden und Regierungen, um was es sich eigentlich handelt, wie groß der Einfluß sein wird und wie sich diese Blockchaintechnologie letztendlich verhält und organisiert ist. Es ist eine vollkommen neue Entwicklung in einer neuen aufkommenden Industrie und vor allem ältere Menschen, dazu gehören auch ältere Staatsanwälte, Beamte, Minister etc. können sich eigentlich nicht genau vorstellen, wie das alles funktioniert. Es ist auch nicht leicht. Ich habe an zahlreichen Blockchainevents, Seminaren, Veranstaltungen, Workshops etc. teilgenommen und bin immer wieder überrascht welch unglaublich intelligente junge Menschen sich dort unterhalten, teilweise über Dinge, von denen ich noch nie gehört hatte. Für sie sind manche Begriffe vollkommen normal von denen die meisten nicht einmal wissen, dass es sie gibt. Da werden Lösungen vorgeschlagen für Probleme, auch von Behörden und Regierungen, die klingen so unglaublich, sind aber schon vollständig als Idee ausgereift und wären fertig für den Einsatz. Sie könnten aber mehr Schaden zufügen als gute Dinge verändern, so lange sie nicht durchdacht sind. Die amerikanische SEC studiert seit einem längeren Zeitraum die Kryptowährungen und ICos und hat deshalb auch sehr schnell eine strenge Regulierung eingeführt, vor allem um Geldwäsche und Terrorismusfinanzierung zu verhindern. Obwohl die Teilnahme an einer ICo für Amerikaner und Singapureaner verboten ist, können sie dennoch an einer ICo weltweit teilhaben durch den Handel an den Plattformen. So bleiben sie anonym. Es besteht weltweit eine vollkommen falsche Vorstellung, über die Regulierung von ICOs. Viele Investoren haben keine Ahnung, dass die meisten der ICos nicht reguliert sind und sie keinerlei

Rechte besitzen. Die Werbung in den meisten Magazinen, Online Magazinen verspricht vieles, hohe Wertsteigerungen, die aber meistens nicht eingehalten werden. Eine betrügerische Information und unfaire Verkaufsstrategien sind die Folge dessen. Die meisten Menschen denken, weil es Finanzaufsichtsbehörden gibt und strenge Regeln für zum Biespiel Börsengänge, dass sie bei einer Investierung in einer ICo mehr oder weniger geschützt sind. Das ist falsch. Gleichzeitig haben viele dieser unprofessionellen Firmen ihre ICOs so wenig geschützt, dass sie gleichzeitig auch sehr anfällig sind für hacking. Die Frage die ich hier also wiede rund wieder stelle ist die, weshalb dennoch so viele Menschen in ICOs investieren. Tja, sie gehen davon aus, dass sie vielleicht Geld vedienen könnten. Die Gier und die Angst den Zug zu verpassen. Es gibt

Token die dem Inhaber das recht geben auf der eigenen Plattform vituelle games zu spielen, mit anderen kann man Pornofilme anschauen, andere versprechen Gewinne oder Auszahlungen in weiter Zukunft. Sind es Finanzinstrumente oder Waren ? Das unterscheidet sich von Fall zu Fall. Die meisten ICOss weltweit schliessen Bürger aus den USA und Singapur, sowie China aus. Manche nutzen deshalb die Internetadressen von Freunden oder Bekannten oder machen Fake Adressen an, denn jeder möchte mitmachen, keiner möchte den Hype verpassen. Bis jetzt sind es vor allem Kleinanleger und private Investoren. Institutionelle Anleger können erst mitmischen wenn der Markt tatsächlich reguliert ist und eine sichere Investition gewährleistet. In dem Fall würden die investierten Beträge noch viel höher werden.

Eine strengere Regulierung und Überwachung würde die Kryptowährungen in den professionellen Bereich aufseigen lassen, so wie es in einigen Ländern weltweit ansatzweise schon geschieht. Anti Geldwäschegsetze und Anti Terrorismusgesetze würde man dann auch auf die ICos anwenden können. Es wird allerhöchste Zeit, dass dies geschieht. Für mich ist es einfach nur ignoranz, dass zum Beispiel Deutsche Behörden und auch Europäische Finanzaufsichtsbehörden sich weigern die Kryptowährungen und die ICos zu regulieren. Wenn es schief geht und die ersten ihre Einlagen verlieren, dann wird die Blase womöglich platzen und wird der Ärger sehr groß sein. Es geht auch um Vertrauen und das darf nicht mißbraucht werden. Wie gesagt, jetzt haben wir den Wilden Westen der Finanzprodukte in Europa, was den gesamten Ruf schaden könnte. Die Spieler auf dem Markt sind nicht bereit nach den Regeln zu spielen und das sind für mich vor allem die Finanzaufsichtsbehörden und Regierungen. Stabilität und Vertrauen sind wichtig für einen funktionierenden Finanzmarkt und zur Zeit ist dieser sehr aus der Balans. Dass es neue Kryptowährungen und Blockchain gibt wird nicht aufzuhalten sein, eine Regulierung ist wichtig.

# XVI Die Beauty und das Biest

Alle technologischen Erneuerungen haben eine gute und eine schlechte Seite. Das ist Fakt. Das gilt auch für Initial Coin Offerings, ICOs, nur mit dem Unterschied, dass die guten und die schlechten Seiten sich in extreme Territorien bewegen. Es ist sehr gut oder sehr schlecht und nicht nur ein bisschen.

Das gute an ICOs ist, dass praktisch jeder damit eine Firma gründen kann. Jeder hat die gleichen Chancen, man braucht kein Kapital. Man holt sich sein Kapital mittels ICOs rein. Jeder kann mitmachen, egal ob Mann oder Frau, Reich oder Arm, es kann ein Student sein, ein Bauer oder ein Banker. Ja, es kann sogar Jemand sei, der im Knast war und vorbestraft ist. Es gibt keinerlei Vorurteile. Jeder hat die gleichen Chancen. Ganz anders als bei der Bank, bei dem ein Vorbestrafter ganz sicher keinen Kredit bekommt und ein junger Mensch ohne Ausbildung aber mit guten Ideen auch nicht. Es reicht, wenn man einen Computer hat, eine schöne Idee und ein ICO gründet. Man braucht keinen Business Plan. Jeder kann Geld reinholen. Im Jahr 2017 wurden mehr als zwei Milliarden Euro reingeholt. Im Jahr 2018 könnte das ein vielfaches mehr werden. Gleichzeitig wird es mit Hilfe eines ICO auch viel einfacher Geld aus anderen Ländenr zu bekommen. Überweisungen fallen weg. Mexikaner können in Deutschland investieren, Australier in Kanada, alles ohne Überweisungsgebühren und in sekundenschnelle. Das Team kann also sofort mit der Arbeit beginnen, man muss nicht wochenlang auf Genehmigungen und auf Geld warten. ICOs könnten ausserdem eine Rolle dabei spielen, die wachsene Schere zwischen arm und reich zu verkleinern. Geld geht einfacher in die Hände der ärmeren und sie haben bedingt durch ICOs die gleichen Chancen. Die schlechte Seite der ICOs ist die fehlende Regulierung und Überwachung. Die meisten ICOs halten sich an keinerlei gesetzlicher Vorschriften. Ausserdem ist es meist sehr schwierig die tatsächlichen Eigentümer der ICOs zu finden. In den White Papers stehen sehr oft auch Initiatoren mit falschen Namen und sogar falschen Fotos. Manchmal wird sogar das Grundgesetz verletzt. Investoren werden finanziell ausgezogen, es gibt keinerlei Rechte und in den White Papers steht genau dies auch so umschrieben. Wenn es schief geht gibt es niemanden an den man sich wenden kann, weder an die Finanzaufsichtsbehörde, noch an Polizei oder Gerichte. Dies verstößt gegen sämtliche Gesetze und Investorenschutz, sowie auch gegen internationale Menschenrechte. Wo kann man sich beschweren, wenn es mit dem Kurs nicht so klappt ? Die meisten der ICos haben keinerlei Beschwerdemöglichkeiten. Sie haben zwar eine Marketingabteilung oder eine Emailadresse, oft werden Beschwerden aber nicht einmal beantwortet. Die Investoren werdne gleichzeitig viel zu wenig informiert über die Risiken des Investments. Es gibt keinen Verbraucherschutz. Die Risiken der Technologie, die Risiken der Beschwerde oder auch der Plattformen auf denen die Token gehandelt werden – hacking oder Diebstahl, der Schutz des eigenen Wallets, die meisten Investoren haben keinerlei Ahnung..und interessieren sich oftmals auch gar nicht dafür. Sie sind vollkommene Laien und das wird von den Inhabern der ICos oft ausgenutzt. Gleichzeitig ist da auch das Risiko eines unerfahrenen Teams, welches sich nicht auskennt mit Gesetzen und Regulierungen eines finanziellen Marktes. Geld investieren auf einer Crowdfunding Plattform ist wesentlich weniger risikoreich, aber auch wesentlich weniger Sexy. Wenn der große Knall kommt und womöglich einige ICOs mit dem Geld der Investoren abhauen, dann könnte das ein riesiger Vertrauensverlust bedeuten, vor allem für den Europäischen Finanzmarkt. Gleichzeitig verschwinden dann auch Milliarden an Spargeld und Altersvorsorge von den Konten der Kleinanleger. Es wundert mich sehr, dass bis heute kaum Aufmerksamkeit geschenkt wird an den ICOs die offensichtlich als Geldwaschanlage und Terrorismusfinanzierung konstruiert sind.

Ich habe den Eindruck, dass die meisten Regierungen, ausser vielleicht die in den USA, das Problem vollkommen unterschätzt. Das gesamte Finanzsystem weltweit wird dadurch einem gigantischen Risiko bloßgestellt. In dem Augenblick, wo Regierungen merken, was los ist, ist es längst zu spät. Token werden gekauft von einem Wallet und verschwinden in ein anderes Wallet irgendwo auf der Welt, ohne Transaktion bei einer Bank, ohne Kontrolle, in Sekundenschnelle und können genauso leicht in Euro oder Dollar gewechselt werden und dann abgehoben werden. Oder man lässt die Euro in einem anderen Wallet. Mit Token ist fast alles möglich. Eine terroristische Organisation und/oder eine Geldwäschefirma kann ohne weiteres in eine ICO investieren, ohne das es bemerkt wird. Ich habe im Laufe der Jahre mehrere, vor allem in Deutschland un Europa tätige FinTech und ICO Firmen recherchiert bei denen ein dringender Verdacht besteht, dass es sich um Geldwäsche und Terrorismusfinanzierung handelt. Es bedarf einen größeren Aufwand das festzustellen. Ich kann mir nicht vorstellen, dass Europol, FBI und andere Ämter dies nicht auch tun. Bis jetzt habe ich nichs davon bemerkt, aber oft arbeiten sie hinter den Kulissen. Mein Vetrauen in die Arbeit dieser Experten ist nach wie vor groß. Sollte es aber rauskommen, dass viele dieser ICOs für diese Zwecke eingesetzt werden, dann könnte dies für sehr negative Publizität sorgen und die Party wäre sehr schnell vorbei. Gleichzeitig muss man aber auch sagen, dass es nicht nur darum geht, dass die ICOs sich nicht an die Gesetze halten, sondern dass die Gesetze nicht schritthalten können mit der sehr schnellen Entwicklung in unserer digitalisierten Welt. Die Entwicklung geht schneller als die Behörden Gesetze machen können, das haben einige Finanzaufsichtsbehörden mir gegenüber sogar zugegeben und das erschwert auch ihre Arbeit ungemeine. Kriminelle und Betrüger sind den Behörden deshalb immer einige Schritte voraus.

Ganz herzlichen Dank auch an Chad Lieber, NewYorker Künstler, Pop Artist und Musicproducer für die wunderbare Titelgestaltung. Unter dem Namen Pimptronot kann man auf Instagram mehr von seiner Kunst sehen.

Herstellung und Verlag:
BoD- Books on Demand, Norderstedt
ISBN: 9783752858495